BEI GRIN MACHT SICH IHR WISSEN BEZAHLT

Thomas Wiest

Aus der Reihe: e-fellows.net stipendiaten-wissen

e-fellows.net (Hrsg.)

Band 978

Supply Chain Management. Interaktive Planung mit SNP, PP/DS und TLB sowie Prognosemodelle mit SAP APO

GRIN Verlag

Bibliografische Information der Deutschen Nationalbibliothek:

Die Deutsche Bibliothek verzeichnet diese Publikation in der Deutschen National-
bibliografie; detaillierte bibliografische Daten sind im Internet über http://dnb.d-
nb.de/ abrufbar.

Impressum:

Copyright © 2013 GRIN Verlag GmbH
Druck und Bindung: Books on Demand GmbH, Norderstedt Germany
ISBN: 978-3-656-73167-2

GRIN - Your knowledge has value

Der GRIN Verlag publiziert seit 1998 wissenschaftliche Arbeiten von Studenten, Hochschullehrern und anderen Akademikern als eBook und gedrucktes Buch. Die Verlagswebsite www.grin.com ist die ideale Plattform zur Veröffentlichung von Hausarbeiten, Abschlussarbeiten, wissenschaftlichen Aufsätzen, Dissertationen und Fachbüchern.

Besuchen Sie uns im Internet:

http://www.grin.com/

http://www.facebook.com/grincom

http://www.twitter.com/grin_com

Supply Chain Management:

Interaktive Planung mit SNP, PP/DS und TLB sowie Prognosemodelle mit SAP APO

Dokumentation

Hochschule Reutlingen

Studiengang Wirtschaftsinformatik

Bearbeitet von:

Thomas Wiest

Inhaltsverzeichnis

Abbildungsverzeichnis

Tabellenverzeichnis

1   Supply Chain Management

Supply Chain Management ist seit den 90er Jahren ein wichtiger Begriff für Unternehmen. Eine zunehmende Bedeutung erfährt das SCM aufgrund diverser Einflussfaktoren, wie beispielsweise die Globalisierung der Beschaffungsmärkte, die Deregulierung der europäischen und welt-wirtschaftlichen Handelsvorschriften und steigende Kundenanforderungen hinsichtlich Zeit, Qualität und Kosten. Dies stellt hohe Anforderungen an die gesamte Logistik eines Unternehmens. Um die Anforderungen zu erfüllen, müssen die Prozesse entlang der Wertschöpfungskette zwischen Zulieferern, Produzenten und Händlern optimiert werden. Die Beziehung zu Lieferanten müssen zu einem gut funktionierenden Netzwerk aufgebaut und gepflegt werden. Besonders wenn Lieferungsverfahren wie das „"Just-in-Time" Verfahren oder „KANBAN" angewandt werden möchten. Es muss ein ständiger Informationsfluss zwischen den Parteien gewährleistet werden. Um solche Beziehung aufzubauen ist ein vertrauenswürdiger und professioneller Umgang zwischen allen Kooperationspartner nötig, welchen es von Lieferanten bis zu den nachfolgenden Kunden und Vertriebspartner zu pflegen gilt. Für den Aufbau und der Pflege dieses Netzwerks von Kooperationspartnern entlang der Wertschöpfungskette ist das Supply Chain Management (SCM) vorgesehen. In der Literatur gibt es für diesen Begriff diverse Definitionen. So definiert Martin Christoph eine Supply Chain als „ein Netzwerk miteinander verbundener, voneinander unabhängiger Organisationen, welche gemeinsam kooperativ zusammenarbeiten, mit dem Ziel, den Fluss an Materialien und Informationen vom Lieferanten zum Endkunden hin, zu kontrollieren, zu verwalten und zu verbessern."[1] Walker hingegen definiert den Begriff wie folgt: „Supply Chain Management überwacht die Unternehmensbeziehungen, um Informationen zu erhalten, die für das Funktionieren eines Unternehmens notwendig sind, um Produkte durch das Unternehmen ausliefern zu können und um das Geld zu erhalten, welches letztendlich den Profit eines Unternehmens generiert."[1]

Dieser Zusammenschluss der Kooperationspartner muss durch technische Komponente unterstützt werden. Des Weiteren ist es notwendig eine gemeinsame Strategie mit den Lieferanten und Kunden zu beschließen, rechtliche Rahmenbedingungen müssen einvernehmlich geklärt werden und

---

[1] Vgl. [Glöckle13], S. 21 ff.

gemeinsame Geschäftsprozesse herausgearbeitet werden. Ziel sollte es sein eine möglichst genaue Regelung der Kooperation auszuarbeiten, damit Schnittstellen standardisiert werden können und mögliche Fehlerquellen und Problemfelder schnell zu identifizieren und zu minimieren. In der nachfolgenden Abbildung 1 wird das generelle Zusammenspiel einer Supply Chain veranschaulicht. Daraus wird ersichtlich, dass diese einige unternehmensübergreifende Prozesse enthält, welche durch die Einführung einer simultanen Planung ganzheitlich optimiert und aufeinander abgestimmt werden können.

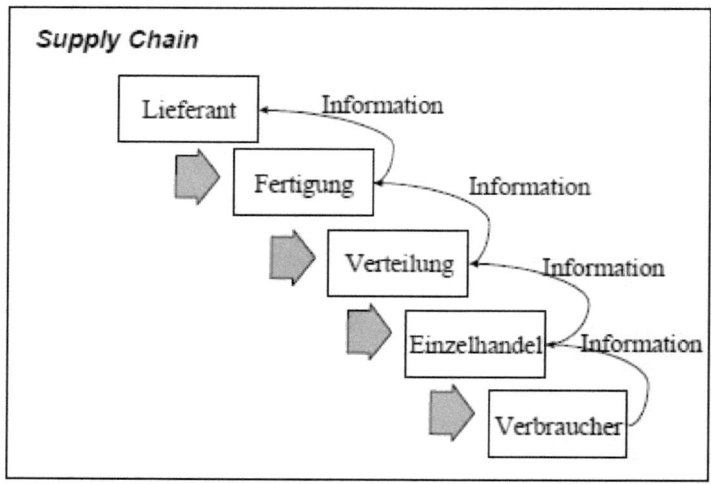

Abbildung 1-1 Supply Chain

Aus dem Schaubild ist die Informationskette einer Supply Chain ersichtlich.

1.1 Supply Chain Planning

Das Supply Chain Planning beschäftigt sich mit folgenden Punkten:

- Planung
- Netzwerkplanung
- Produktionsplanung
- Distributionsplanung
- Transportplanung
- Bedarfsplanung

Der Schwerpunkt des Supply Chain Planning liegt bei der Bedarfsplanung. Die Bedarfsplanung wird i.d.R. durch zusätzliche Software wie z.B. den SAP APO unterstütz. In dieser wird dies über die Komponente Demand Planning (DP) realisiert. Der Bedarf wird anhand von Basisdaten des Unternehmens durchgeführt. Anhand von verschiedenen Prognosemodellen, Kunden-befragungen und Erfahrungswerten versucht man das Verhalten der Kunden und somit den Absatz einzuschätzen. Nach der erfolgreichen Einschätzung des Bedarfs, findet die Produktionsprogramm-Planung (Master Planning MP) statt. In dieser Planung werden die Bedarfsmenge der einzelnen Baugruppen eines Produktes, sowie der Sekundärbedarf und die Liefertermine berechnet.

Die Berechnung des Primärbedarfs als auch des Sekundärbedarfs findet mittels Material Requirement Planning (MRP) statt. Bei dieser Berechnung werden die verfügbaren Mengen in allen Lagern, zukünftig geplante Zugänge aus laufenden Aufträgen oder Bestellungen gewertet und in den Vergleich zum ermittelten Bedarf gesetzt. Die MRP beschränkt sich jedoch nur auf die Lager innerhalb eines Unternehmens. Sollte ein Unternehmen im Netzwerk stehen, so müssen die Lagerbestände der Unternehmen die sich im Netzwerk befinden ebenfalls überprüft werden. Nach der MRP wird die Fertigungssteuerung mittels Fertigungsaufträgen durchgeführt.[2]

1.2   Supply Chain Execution

Dieser Bereich ist für das Controlling verantwortlich. In diesem sind folgende Funktionen zu finden:

- globale Verfügbarkeitsprüfung
- Lagersteuerung
- Transportsteuerung
- Bestandssteuerung

Mit diesen Funktionen erfolgt die Steuerung der Produktionskette. Dies umfasst alle Prozesse der Materialbeschaffung, -kapazität, sowie dem Vertrieb und Transport, welche simultan und synchronisiert für die gesamte Supply Chain berücksichtigt werden.

---

[2] Vgl. [Glöckle13], S. 6

1.3 Motive für das SCM

Unternehmen sind heutzutage wie bereits erwähnt einer enormen und immer weiter wachsenden Komplexität ausgesetzt. Diese wird mit einer gleichzeitig steigenden Dynamik, wie z.B. durch sinkende Lieferzeiten oder kürzere Modellzyklen gepaart. Um in diesem Zusammenhang bestehen zu können, lassen sich die folgenden drei Strategien definieren:[3]

- Reduzierung der benötigten Reaktionszeit, z.B. durch Konzentration auf die Kernkompetenz und Outsourcing von Aufgaben
- Erhöhung der verfügbaren Reaktionszeit, z.B. durch aktive Marktbeobachtung, Kundenorientierung und Customer Relationship Management (CRM)
- Reduktion der Komplexität und Dynamik, z.B. durch Standardisierung, Reduzierung der Variantenvielfalt und der Lieferantenanzahl

1.4 Ziele des Supply Chain Management

Ziel eines Supply Chain Managements ist es, einen reibungslosen Lieferablauf innerhalb des Netzwerks der Kooperationspartner zu gewährleisten. Das SCM verfolgt außerdem weitere Ziele, wobei hier immer das gesamte Netzwerk und nie nur ein einzelnes Unternehmen betrachtet werden muss:

Abbildung 1-2 Haupt- und Nebenziele des SCM[4]

---

[3] Vgl. [Beckmann04], S. 5 ff.
[4] [SCMO13], S. 13

1.4.1 Verbesserter Informationsfluss

Ein Reibungsloser Lieferablauf kann nur dann erreicht werden, wenn die Transparenz in der Supply Chain erhöht wird, also der Informationsfluss innerhalb der Wertschöpfungskette verbessert wird. Um dies zu erreichen werden spezielle SCM-Software und zunehmend auch das Internet bei den Kooperationspartnern eingesetzt.

1.4.2 Reduktion der Lagerhaltungskosten

Ein weiteres wichtiges Ziel des Supply Chain Managements ist es, die Bestände und somit auch die Kosten für die Lagerhaltung entlang der Supply Chain zu senken. Eine Möglichkeit ist hier die Just-in-Time-Lieferung. Allerdings sollte es dabei nicht zu einer Verschiebung der Lagerhaltung auf die Lieferanten kommen.

1.4.3 Senkung der Gesamtdurchlaufzeiten

Ein effektives Supply Chain Management verfolgt die Verringerung der Gesamtdurchlaufzeit der Wertschöpfungskette. Erreicht wird dies wenn bspw. Schnittstellenprobleme beseitigt werden und somit die Materialflüsse im Netzwerk verkürzt, vereinfacht und optimal koordiniert werden.

1.4.4 Nutzung von Synergieeffekten im Netzwerk

Durch eine enge Vernetzung in der Supply Chain und der angestrebten vertrauensvollen und partnerschaftlichen Zusammenarbeit aller Kooperationspartner können Synergieeffekte entstehen. Dies wird u.a. möglich durch:

- Gemeinsame Forschung und Entwicklung
- Entstehung von Systemlieferanten
- Bessere Auslastung der Transportmittel
  (z.B. Lieferanten nutzen einen gemeinsamen Spediteur)
- Evtl. gemeinsame Lager

1.4.5 Steigerung der Kundenzufriedenheit

Auch die Steigerung der Kundenzufriedenheit gehört zu den Zielen eines intakten SCM. Zum einen wird durch einen reibungslosen Lieferablauf im Netzwerk und der transparenten Informationspolitik in der Wertschöpfungskette dafür gesorgt, dass Endkunden ihre Produkte termingerecht bekommen.

Zum anderen ist es in einem SCM auch möglich die „Demand"-Seite miteinzubeziehen. So geht ein modernes SCM nicht nur auf die Rückwärtsintegration von Lieferanten ein sondern auch in der Vorwärtsintegration bis zum Endkunden. Durch die Integration der Endkunden und deren Wünsche können die Kooperationspartner des SCM direkt auf dessen Bedürfnisse eingehen und diese befriedigen.

1.4.6 Schnelle und angemessene Reaktion auf Änderungen

Durch die Vernetzung der Kooperationspartner kann ein umfassender Informationsfluss dafür sorgen, dass alle Unternehmen im Netzwerk schwankende Nachfragesituationen und veränderte Kundenwünsche schnell erkennen.

Dank geringer Gesamtdurchlaufzeiten und kurzem Time-to-Market können die vernetzten Unternehmen schneller auf diese Änderungen reagieren und ihre Produktion dementsprechend schnell anpassen.

1.5 Herausforderungen des Supply Chain Management

Die Einführung eines effektiven Supply Chain Management fordert von den Kooperationspartnern einschneidende Veränderungen: Um den Informationsfluss zu verbessern, müssen alle Unternehmen miteinander vernetzt werden. Dabei Viele Prozesse werden umgestellt oder sogar komplett hinterfragt. Dass es bei derartigen Veränderungen auch Probleme gibt, liegt auf der Hand. Die größten Hemmnisse für ein effektives Supply Chain Management sind:

- Widerstände der Mitarbeiter
- Unklare Zielvorgaben
- Ungeeignete Organisationsstrukturen
- Entstehung von neuen Schnittstellen
  (z.B. Lieferanten untereinander, neue Schnittstellen durch Software-Vernetzung)
- Fehlende Bereitschaft von Kunden und Lieferanten zum Informationsaustausch

Die Einführung eines SCM verursacht Synergiekosten. Allerdings entsteht auch ein großer Synergienutzen, wenn es gelingt, die Wertschöpfungskette besser aufeinander abzustimmen. Dieser Nutzen kann dann die Kosten um ein Vielfaches übersteigen.

1.6 Komponenten des Supply Chain Management

Ein SCM System kann unterschiedlich in Unternehmen eingebunden werden. Eine Möglichkeit ist das Hierarchische Modell (vgl. Abbildung 1-3)

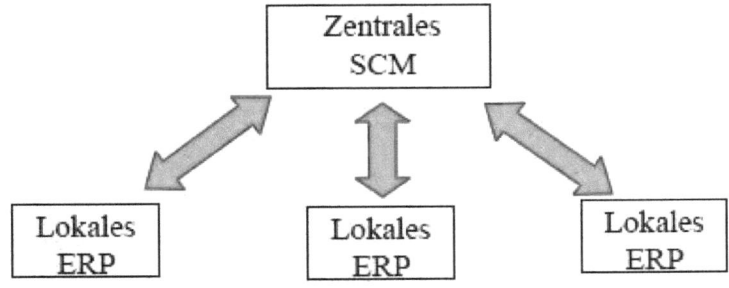

Abbildung 1-3 Hierarchisches Modell[5]

[5] [Glöckle13], S. 49

11

Diese Struktur findet sich heutzutage i.d.R. überwiegend innerhalb eines einzelnen Unternehmensverbundes z.B. innerhalb eines Konzerns mit verschiedenen nationalen und internationalen Produktionsstandorten.

Innerhalb des SAP-R/3-Systems sind mehrere Mandanten und innerhalb eines Mandanten mehrere unabhängige Firmen abbildbar. Dadurch kann die Konzernsituation bereits innerhalb eines SAP-R/3-Systems auftreten.

Innerhalb eines im SAP-R/3-System abgebildetem Unternehmen sind mehrere unabhängige Produktionswerke abbildbar, die über ein SCM-System koordiniert werden können.[6]

---

[6] Vgl. [Glöckle13], S. 50

2 Prognosemodelle

Für die Planung mit APO stehen für die Analyse einer Verbrauchsreihe unterschiedliche Gesetzmäßigkeiten zur Auswahl, aus welchen sich verschiedene Prognosemodelle ableiten lassen. In diesem Kapitel werden die grundlegenden Prognosemodelle vorgestellt, welche für die Planung in SCM Systemen eine große Rolle spielen. In Kapitel 3.2.1 werden diese dann in einem Szenario angewandt und ausführlicher beschrieben.

2.1 Konstantmodell

Von einem konstanten Verbrauchsverlauf kann ausgegangen werden wenn der Verbrauch um einen Durchschnittswert statistisch schwankt (Abbildung 2-1).

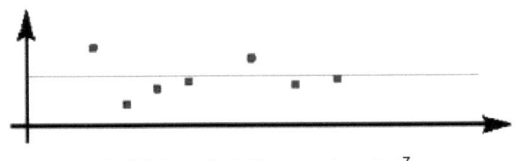

Abbildung 2-1 Konstantmodell[7]

2.2 Trendmodell

Bei einem trendförmigen Verbrauchsverlauf steigt oder fällt der Verbrauch stetig über einen längeren Zeitraum hinweg, überlagert von zufälligen Schwankungen (Abbildung 2-2).

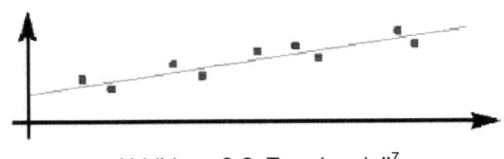

Abbildung 2-2: Trendmodell[7]

---

[7] [SAPH13]

2.3 Saisonmodell

Bei einem saisonalen Verbrauchsverlauf treten Abweichungen von einem Grundwert regelmäßig in periodischen Abständen auf (Abbildung 2-3).

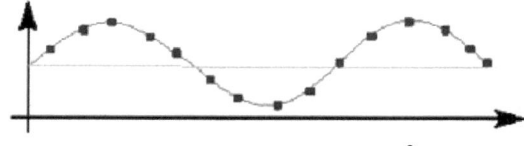

Abbildung 2-3: Saisonmodell[8]

2.4 Trend-Saisonmodell

Bei einem trend-saisonalen Verbrauchsverlauf treten saisonale Abweichungen um einen stetig steigen Durchschnitt auf (Abbildung 2-4).

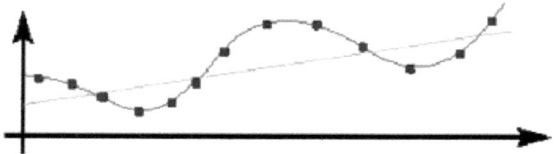

Abbildung 2-4: Trend-Saisonal-Modell[8]

Wenn keine dieser Regelmäßigkeiten in einer Verbrauchsreihe erkannt wird, spricht man von einem unregelmäßigen Verbrauchsverlauf.

---

[8] [SAPH13]

3   SAP APO

Mit dem Advanced Planer and Optimizer (APO) der SAP AG wird ein Werkzeugkasten für das Supply Chain Management für eine unternehmensübergreifende Planung und Steuerung bereitgestellt. Diese SCM Toolbox beinhaltet die folgenden Komponenten:[9]

- **Supply Chain Cockpit (SCC)**
  - ➔ Eine graphische Instrumententafel zum Modellieren, Darstelle, Planen und Steuern der Supply Chain.
- **Bedarfsplanung (Demand Planning DP)**
  - ➔ Ermöglicht eine aggregierte und detaillierte Planung mit unterschiedlichen Prognoseverfahren
- **Supply Network Planning (SNP)**
  - ➔ Umfasst die kurz- bis mittelfristige Planung entlang ihres gesamten Logistiknetzes.
- **Deployment and Transport Load Builder (TLB)**
  - ➔ Ermöglicht das Planen des Distributionsnetzwerkes umso eine optimale Nutzung der Transportmittel zu schaffen.
- **Produktionsplanung (PP)**
  - ➔ Beinhaltet Optimierungstechniken die zur kurzfristigen Material- und Fertigungsplanung unter der Berücksichtigung von Kapazitätsbeschränkungen angewandt werden können.
- **Feinplanung Detailed Scheduling (DS)**
  - ➔ Zuordnung von Ressourcen und Reihenfolgen im zentralen ERP für jedes Werk
- **Available to promise (Global ATP)**
  - ➔ Die Mehrstufige Verfügbarkeitsprüfung über das gesamte Logistiknetzwerk.

In diesem Kapitel werden anhand eines Beispiels die Funktionsweise der wesentlichen Komponenten des SAP APO vorgestellt. Zunächst wird kurz auf die hierfür benötigten Stammdaten eingegangen.

---

[9] Vgl. [Glöckle13], S. 53

3.1 Stammdaten

Auf die Anlage der benötigten Stammdaten wird an dieser Stelle verzichtet. Zu den Stammdaten gehören die Lokationen, das Produkt, dessen Ressourcen, sowie die Transportbeziehungen und ein Produktionsprozessmodell. In den weiteren Kapiteln werden die benötigten Stammdaten unter der Annahme einer bereits erfolgten Anlage im System genutzt.

3.2 Bedarfsplanung (Demand Planning DP)

Die Bedarfsplanung (Demand Planning) erfolgt durch eine Einschätzung der aktuellen oder zukünftigen Marktsituation, Auswertung von vorhandenen Daten (z.B. Vergangenheitswerten) und die Nutzung von Prognosemodellen. Bei geänderten Rahmenbedingungen können nachträgliche Anpassungen durchgeführt werden. Die DP-Komponente berücksichtigt verschiedene Kausalfaktoren, die den Bedarf beeinflussen. Das Ergebnis der APO-Absatzplanung ist der Absatzplan. Die Bedarfsplanung ist sehr wichtig, da auf Basis dieser Zahlen alle nachfolgenden Prozesse arbeiten.

Die Vergangenheitswerte können entweder direkt aus den ERP Systemen entnommen werden oder über eine InfoSource geladen werden. Eine andere Möglichkeit ist es die benötigten Informationen aus dem Business Warehouse zu verwenden.

Die Absatzplanung ist ein komplexes, leistungsfähiges und dabei flexibles Instrument, das den Prozess der Absatz-/Bedarfsplanung in Ihrem Unternehmen unterstützt. Benutzerspezifische Planungslayouts sowie interaktive Planungsmappen ermöglichen nicht nur die Einbeziehung verschiedener Abteilungen, sondern auch anderer Unternehmen in den Prozess der Prognoseerstellung. Die im Rahmen der APO-Absatzplanung verfügbaren statistischen Prognoseverfahren und erweiterten Makro- Techniken bieten Ihnen die Möglichkeit, Prognosen anhand von Absatzhistorien und einer Vielzahl verschiedener Kausalfaktoren zu erstellen, Prognosemodelle und Prognoseergebnisse vordefinierten und selbstdefinierten Tests zu unterziehen sowie die Absatzpläne verschiedener Abteilungen unter Verwendung eines konsensbasierten Ansatzes zu konsolidieren. Zur Berücksichtigung von Marktinformationen und Managementvorgaben verwenden Sie Promotions bzw. entsprechende Prognosekorrekturen. Die nahtlose Integration mit APO Supply Network Planning unterstützt einen effizienten Prozess der Absatz- und Produktionsgrobplanung.[10]

Im Szenario wurde eine InfoSource verwendet, die die Vergangenheitswerte aus einer CSV-Datei ins System transformiert

200	ST	TW_FE	201352	0	TW_PROD1_WS13
140	ST	TW_FE	201351	0	TW_PROD1_WS13
150	ST	TW_FE	201350	0	TW_PROD1_WS13
100	ST	TW_FE	201349	0	TW_PROD1_WS13
250	ST	TW_FE	201348	0	TW_PROD1_WS13
190	ST	TW_FE	201347	0	TW_PROD1_WS13

Tabelle 3-1 Vergangenheitswerte

In diesem Kapitel werden die Wichtigsten der verschiedenen Modellarten anhand von Screenshots vorgestellt und näher erläutert.

3.2.1 Prognosemodelle

Abbildung 3-1 SAP APO Prognosemodelle

3.2.2 Generelle Einstellungen

3.2.2.1 Zeitraum

Im Reiter „Zeitraum" können die Werte für den Prognosezeitraum und Vergangenheitszeitraum eingestellt werden.

---

[10] [SAPH13]

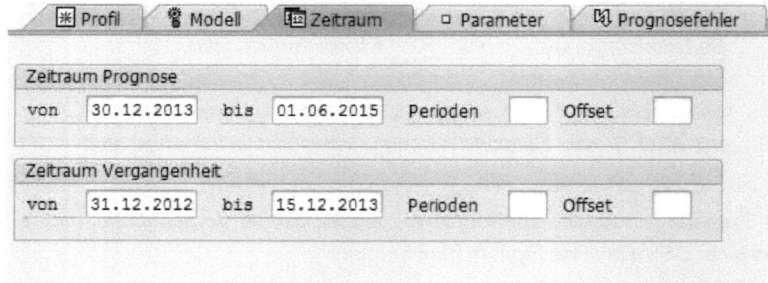

Abbildung 3-2 Zeitraum

3.2.2.2 Parameter

Unter dem Reiter „Parameter" können Prognosen mit individuellen Parametern versehen werden. Die Einstellungsmöglichkeiten passen sich dynamisch dem zuvor ausgewählten Prognosemodell an (in Abbildung 3-3 wurde das Konstantmodell verwendet).

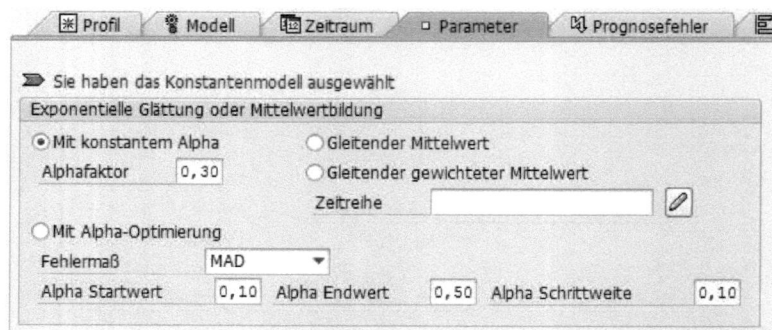

Abbildung 3-3 Parameter

3.2.2.3 Prognosefehler

In diesem Reiter können statistisch auftretende Prognosefehler ausgewiesen werden. Die Werte der Prognosefehler werden mit statistischen Formeln berechnet und können nach erneuter Prognoseberechnung angezeigt werden.

3.2.3 Konstantmodell

Der Anwendungsfall eines Konstantmodells ist nur dann sinnvoll, wenn in den Vergangenheitswerten keinerlei Trend oder saisonale Schwankungen auftreten. Wenn ein Unternehmen ausschließlich Prognosen mit einem Konstantmodell erstellt, diese dann produziert und verkauft ist ein langfristiges Wachstum ausgeschlossen, da eine Steigerung der Absätze fehlt und somit bei den in unserer Wirtschaft steigenden Kosten und zunehmendem Konkurrenzdruck auf dem Markt keine Investitionen mehr möglich sind. Ein Konstantmodell ist also bei Unternehmen die stetig wachsen wollen und von Jahr zu Jahr höhere Absätze verkaufen wollen ungeeignet, da die Vergangenheitswerte einen saisonalen Verlauf anzeigen.

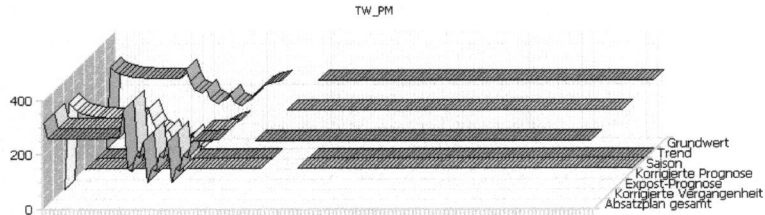

Abbildung 3-4 Konstantmodell

Für das vorliegende Konstantmodell wurden die Parameter wie in Abbildung 3-3 gezeigt angewandt.

3.2.4 Methode nach Croston

Die Croston-Methode ist eine Prognosestrategie für Produkte mit sporadischer Nachfrage, die anhand eines modifizierten Konstantmodells erstellt wird. Sie umfasst zwei wesentliche Schritte. Im ersten Schritt werden aus der mittleren Bedarfshöhe separate, auf der exponentiellen Glättung basierende Schätzwerte abgeleitet. Anschließend erfolgt die Berechnung der mittleren Dauer zwischen Nachfragen. [11]

---

[11] Vgl. [SAPH13]

Besonders gut eignet sich die Croston-Methode dann, wenn der Bedarf zufällig auftritt, wobei in zahlreichen Perioden, wenn nicht sogar den meisten keine Nachfrage vorliegt. Dabei ist die Verteilung der Nachfrage, wenn sie auftritt, unabhängig von der Dauer seit dem letzten Auftreten einer Nachfrage. Derartige Bedarfsverläufe werden als unregelmäßiger oder sporadischer Bedarf bezeichnet. Als Beispiel hierfür sei der Bedarf an Ersatzteilen genannt, die normalerweise zur Auffüllung des Lagers in größeren Mengen bestellt werden.[11]

Für unser Szenario ist dieses Prognosemodell jedoch nicht relevant und wird daher auch nicht veranschaulicht.

3.2.5 Auto-Modellauswahl 1 & 2

Über die automatische Modellauswahl kann man das System bestimmen lassen, welches Prognosemodell am besten zu den Vergangenheitsdaten passt.

Diese Strategie sollte gewählt werden, wenn der Verlauf der Vergangenheitsdaten unbekannt ist. Das System testet zunächst die Vergangenheitsdaten auf konstante, trendförmige, saisonale und trendsaisonale Verlaufsformen. Anschließend wendet das System das Modell an, welches der ermittelten Verlaufsform am nächsten kommt. Lässt sich kein regelmäßiger Verlauf feststellen, führt das System die Prognose so durch, als hätte ein konstanter Verlauf vorgelegen.

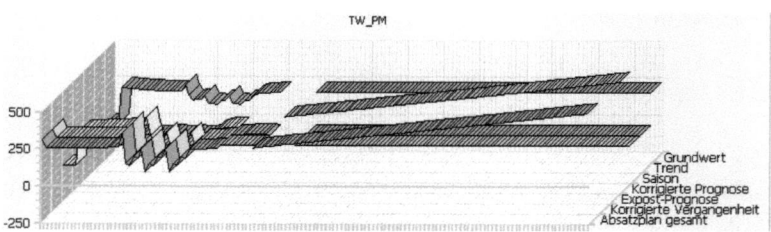

Abbildung 3-5 Auto-Modellauswahl 1

Der Alpha-, Beta- und Gamma-Faktor wird hierbei folgendermaßen bestimmt:

Die Glättungsfaktoren werden aus dem Univariaten Profil bezogen. Die Einstellungen auf dem Desktop der Absatzplanung werden dann herangezogen, wenn sie sich von denen im Univariaten Profil unterscheiden. Wenn Sie weder im Univariaten Profil noch auf dem Absatzplanungs-

Desktop Einstellungen vorgenommen haben, werden standardmäßig die
Faktoren 0,3 verwendet.

3.2.6 Trendmodell

Das Trendmodell geht von einer stetig steigenden Absatzmenge eines
Produktes aus. Dieses Modell sollte daher dann eingesetzt werden, wenn
ein Unternehmen auf das Marktwachstum ausgerichtet ist.

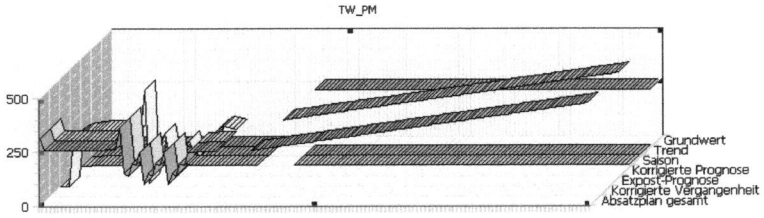

Abbildung 3-6 Trendmodell

In den Parametereinstellungen des Trendmodells kann entweder das
Verfahren nach Holt oder nach der 2. Exponentieller Glättung anwenden. Der
in Abbildung 3-6 gezeigte Verlauf des Trendmodells ist aus dem Verfahren
von Holt entstanden.

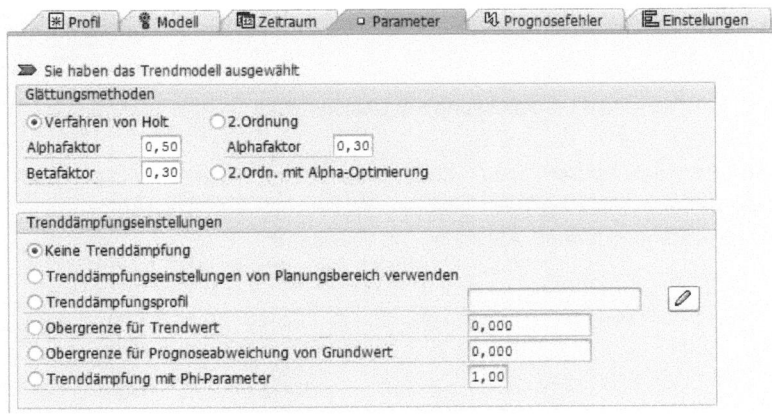

Abbildung 3-7 Trendmodell Parameter

3.2.7 Lineare Regression

Dieses Modell ist stark Abhängig von den Vergangenheitswerten. Eine Gewichtung dieser ist nicht möglich, da ein ermittelter gewichteter Durchschnitt verwendet wird. Dieses Modell eignet sich für Unternehmen, die noch nicht lange auf dem Markt vertreten sind und keine besonderen Ausprägungen bei ihren Absätzen hatten.

3.2.8 Saisonmodell

Der Einsatz dieses Modelles eignet sich dann, wenn die Werte eine Zeitreihe ein periodisches (z.B. im Jahresrhythmus) sich wiederholes Muster aufweisen. Dabei kann ein stabiler Mittelwert ermittelt werden, welcher dem Verlauf entnommen werden kann. Saisonmodelle werden besonders bei Produkten die saisonbedingt sind verwendet. Skier sind bspw. ein Produkt, das stark an eine Saison gebunden ist. Während der Saison ist daher zu achten das die Nachfrage reichlich gedeckt ist.

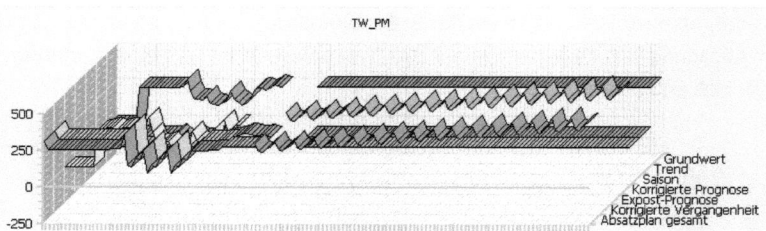

Abbildung 3-8 Saisonmodell

Die Parametereinstellungen des Saisonmodells werden nach der exponentiellen Glättung nach Holt und Winters gewählt. Nachstehend sind die gesetzten Faktoren in Abbildung 3-9 einzusehen.

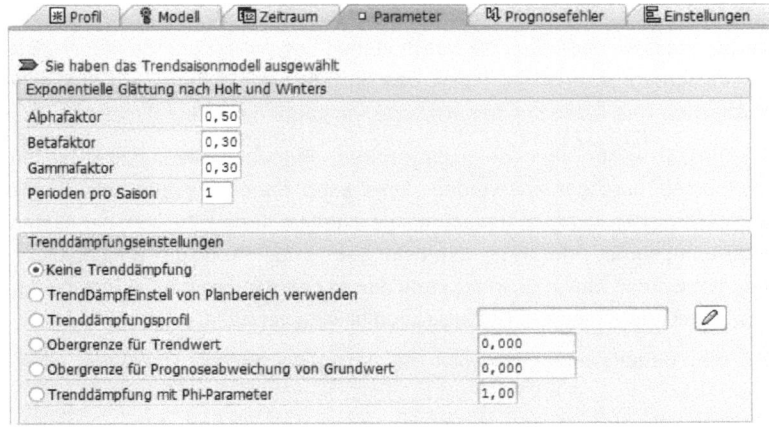

Abbildung 3-9 Saisonmodell Parameter

3.2.9 Abschluss der Bedarfsplanung

Wurde ein passendes Prognosemodell gewählt, angepasst und gespeichert können diese Daten als Bedarf für die Distributionszentren in das System übernommen werden. Um diese Bedarfsplanung für weitere Planungsschritte nutzen zu können, muss diese im System freigegeben werden. Dies verhindert eine eventuelle Bedarfserstellung bei der Auswahl und Anpassung von unterschiedlichen Bedarfsprognosen. Die Integration in das APO - Supply Network Planning erlaubt einen direkten Absprung in die Absatz- und Produktionsplanung.

3.3 Supply Network Planning and Deployment (SNP)

Nachdem die Absatzplanung abgeschlossen und der davon ausgehend ermittelte Bedarf festgestellt wurde, muss die Deckung dieses sichergestellt werden. Dies erfolgt im Supply Network Planning mit einer mittel- bis langfristigen Grobplanung. Die Planung und Optimierung erstreckt sich dabei über die gesamte Supply Chain. Diese umfasst die Bereiche Beschaffung, Produktion, Distribution und Transport. Randbedingungen wir eine begrenzte Produktions- und Transportkapazität werden dabei mit berücksichtigt. Zuerst wird das SNP durchlaufen und anschließend das PP in jedem Produktionswerk (DS). Das SNP ermittelt vom Absatzland ausgehend, einen zulässigen kurz- mittelfristigen Plan zur Absatzabdeckung. Dieser Plan berücksichtigt sowohl die Mengen, die die zwischen Lokationen transportiert werden müssen, aber auch die beschaffende und produzierende Menge. Bei der Vorschlagsgenerierung durch das System, erfolgt ein Vergleich aller logistischen Aktivitäten mit dem Kapazitätsangebot durch das System.

Im PP/DS kann eine sekundengenaue Planung aller ausgewählten Ressourcen durchgeführt werden. Dies kann dabei entweder als Single Ressource oder Multiple Ressource geschehen. Dies gibt den benötigten Detailierungsgrad, der für Umrüstungen und Produktionsreihenfolgen beachtet werden muss. Es muss stets darauf geachtet werden, dass sich der Bedarf nicht über mehrere Bedarfsstufen hinweg verstärkt.

Für die Bedarfsweitergabe gibt es im APO System folgende SNP-Heuristiken:[12]

- **Lokations Heuristik**
  Planung des Bedarfs nur für die ausgewählte Lokation
- **Netzwerk Heuristik**
  Planung des Bedarfs für alle Lokationen, in denen das Produkt vorkommt. Es findet jedoch keine Stücklistenauflösung.
- **Mehrstufige Heuristik**
  Für die gesamte Supply Chain wird eine Stücklistenauflösung und Bedarfsplanung durchgeführt.

Die nachfolgende Abbildung 3-10 zeigt den Supply Network Plan des gezeigten Szenarios.

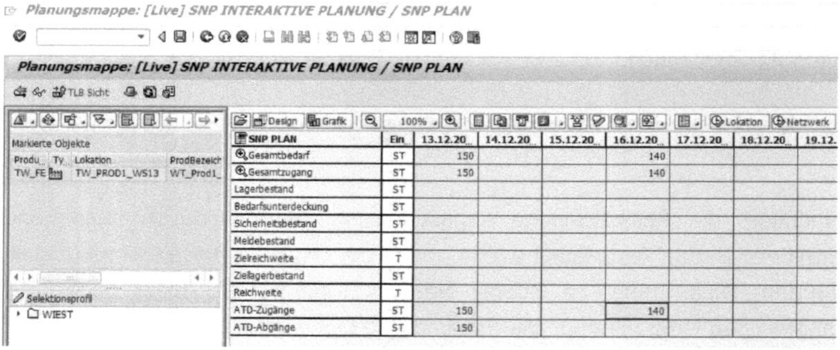

Abbildung 3-10 Supply Network Plan

Anhand eines Optimierungsverfahrens plant das SNP den Produktfluss entlang der Logistikkette. Dies führt zu optimalen Beschaffungs-,

---

[12] Siehe auch [Glöckle13], S. 65

Produktions- und Distributionsentscheidungen, reduzierten Auftragsabwicklungszeiten und Lagerbeständen sowie einem verbesserten Kundenservice.

3.4 Produktions- und Feinplanung (PP/DS)

Die Komponente Produktions- und Feinplanung (PP/DS) wird verwendet,

- um zur Deckung von Produktbedarfen Beschaffungsvorschläge für Eigenfertigung oder Fremdbeschaffung zu erzeugen
- um die Ressourcenbelegung und die Auftragstermine detailliert zu planen und zu optimieren

In diesem Arbeitsschritt können die Ressourcen- und Komponentenverfügbarkeit berücksichtigt werden. PP/DS dient vor allem zur Planung von kritischen Produkten (Produkte mit langer Wiederbeschaffungszeit oder Produkte mit Engpassfertigung. Mit PP/DS können durchführbare Produktionspläne erstellt werden und

- die Durchlaufzeiten reduzieren
- die Liefertermintreue erhöhen
- durch eine bessere Koordination der Ressourcen, der Produktion und der Beschaffung den Durchsatz von Produkten erhöhen und die Bestandskosten reduzieren

Das Anlegen eines Produktionsauftrages ist vergleichbar mit der PP Komponente aus dem SAP ERP System. Hier werden Ergebnisse aus dem SNP genommen und verfeinert. Dabei geht es um die Planung von Terminen, Materialbereitstellungen, Optimierung von knappen Ressourcen und die Berücksichtigung unerwarteter Ereignisse. Anschließend wird die Planung eines Produktionswerkes in einen Produktionsauftrag umgewandelt. Es folgt eine Verfügbarkeitsprüfung ATP, welche Single- und Multi-Ressourcen definiert. Für die Produktionsplanung muss ebenfalls angegeben werden:

welches Strategieprofil

- → Vorwärtsterminierung
- → Rückwärtsterminierung

welcher Planungsmodus

→ Lücke suchen
→ Vorgang einfügen bis aktueller Vortrag fertig ist)
→ Vorgang einrütteln (angrenzende Vorgänge in beide Richtungen verschieben)

verwendet werden soll. Die Auswahl wird folgend graphisch dargestellt.

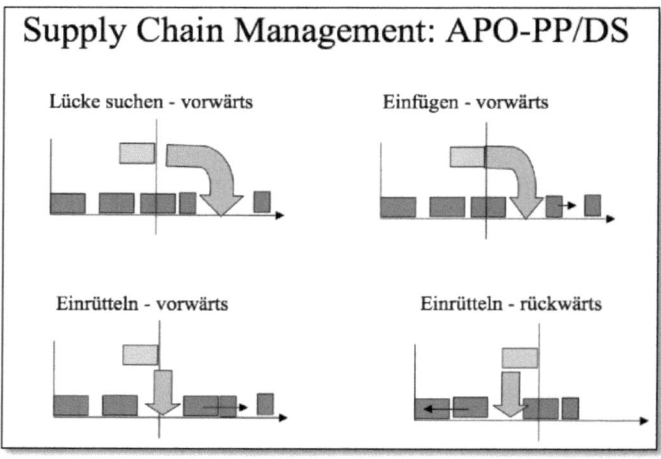

Abbildung 3-11 Planung der Aufträge im PP/DS[13]

Im letzten Schritt ist es notwendig die sogenannte Pegging-Beziehung festzulegen. Dabei werden verfügbare Bestände mit Bedarfen expliziert verknüpft. Dies bedeutet, dass bei einer Terminverschiebung eines Produktionsauftrages die Auswirkungen insgesamt nachvollziehbar sind.

Es wird zwischen den Pegging-Arten fixiert und dynamisch unterschieden. Das fixierte Pegging definiert genau welcher Bedarf durch welches Angebot gedeckt wird. Im Gegensatz dazu bestimmt das dynamische Pegging immer wieder von neuem, welcher Bedarf mit welchem Angebot gedeckt wird.

---

[13] Vgl. [Glöckle13], S. 74

3.5 Deployment und Transport Load Builder (TLB)

Nach Abschluss der Produktionsplanung wird mit der Deployment Funktion im kurzfristigen Bereich, die Lieferart und die Liefertermine zu den jeweiligen Distributionszentren ermittelt und Kunden.

Stimmen die Produktionsmengen mit der in der SNP geplanten Menge, erfolgt die Bestätigung des Ergebnisses aus der SNP-Planung. Sofern sich jedoch die Produktionsmenge unterscheidet, werden im Deployment-Lauf anhand von verschiedener Strategien die einzelnen Mengen angepasst und stehen anschließend im SAP APO als Deployment Umlagerungen zur Verfügung.

Der TLB generiert anschließend aus diesen dann die entsprechenden Transportpläne und stellt die optimalen Transportladungen zusammen.

4 Generelle Reflektion

In diesem anschließenden Kapitel wird eine generelle Reflektion zum SCM geliefert. Hierfür werden zunächst die allgemeinen Voraussetzungen für den zentralistischen APO Ansatz erläutert. Im Gegenzug dafür wird der alternative dezentrale SCM Ansatz vorgestellt.

4.1 Allgemeine Voraussetzungen für den zentralistischen Ansatz

Die folgenden Voraussetzungen dienen als Erweiterung der bereits aufgezeigten Voraussetzungen in Kapitel 1:

- **Schaffung adäquater IT-Architektur**
  Dies ermöglicht eine vernetzte Zusammenarbeit und einen Know-How-Transfer.
- **Schnittstellenimplementierung**
  Zugriff auf identisches und stets aktuelles Datenmaterial sowie der Datenaustausch durch Electronic Data Interchange (EDI).
- **Kooperation zwischen den Funktionsbereichen**
  Logistik und Einkauf sind in einer Supply Chain besonders wichtig für die Optimierung. Diese müssen die Anforderungen gegenüber dem IT-Bereich durchsetzen.
- **Gemeinsames agieren**
  Die gesamte Supply Chain sollte optimiert werden und nicht einzelnen Glieder. Bereitschaft zur vertrauensvollen Zusammenarbeit zwischen den Partnern (zum Beispiel durch gemeinsame Bestandsführung)
- **Transparenz**
  Im gesamten Supply Chain
- **Bereitschaft zur Reorganisation**
  Durch Prozessanpassungen im Supply Chain können in den einzelnen Gliedern der Kette Bereich reorganisiert werden.
- **Rahmenvertrag**
  Um Missverständnisse zu vermeiden und Regeln zu schaffen.

Außerdem gibt es vor allem im internationalen Bereich weitere Voraussetzungen, die vorab zwischen den Supply Chain Kooperationspartnern geklärt sein sollten:[14]

- **Sprachbarrieren**
  Dies müssen beseitigt werden, um eine reibungslose Zusammenarbeit zu gewährleisten.
- **Mentalität**
  Die unterschiedlichen Mentalitäten der Länder sollten in Einklang gebracht oder zumindest berücksichtigt werden.
- **Zeitliche Verschiebungen**
  Der zeitliche Aspekt bzw. die Zeitverschiebung sollte zudem beachtet werden. Dieser kann bei der Kommunikation der Kooperationspartner Probleme hervorraufen.
- **Politische Stabilität**
- **Handels- und Rechtssicherheit**
  Ein weiterer wichtiger Punkt sind nationale Regelungen und Gesetze, welche beachtet und in Einklang mit Vereinbarungen der SCM Kooperation gebracht werden müssen.

4.2 Alternativer zentraler Ansatz

Eigenständige Unternehmen die sich auf dem Markt konkurrieren, können zeitgleich in einer Supply Chain miteinander kooperieren. Solche Situationen können dazu führen, dass die involvierten Unternehmen vorsichtig agieren und den Anreiz zur Preisgabe von wichtigen Informationen innerhalb der Supply Chain verlieren. Die Gefahr, dass ein Mitkonkurrent diese Informationen nutzt um sich Wettbewerbsvorteile zu verschaffen ist zu groß. In solchen Situationen ist der Informationsfluss in einer Supply Chain eingeschränkt. Das Supply Chain Management demnach auch nicht mehr voll funktionsfähig.

Abhilfe für ein solches Szenario kann der Einsatz von sogenannten Multi-Agenten System sein. Nachfolgend wird dieses näher erläutert.

---

[14] Vgl. [Werner13], S.164 f.

4.2.1 Multi-Agenten basierte Systeme

Unter Agenten werden autonom handelnde Einheiten verstanden welche in eine Umwelt eingebettet werden um ein bestimmtes Ziel erreichen zu können.[15]

Das SCM beinhaltet verschiedene zum Teil übergreifender Aufgabengebiete. Ein Agent erhält in diesem eine begrenzte Kapazität für Probleme, die er lösen kann. Mehrere Agenten können gemeinsam eingesetzt werden um ein Problem zu lösen. In sogenannten Multi-Agenten-Systeme (MAS) findet die Zusammenarbeit zwischen mehreren Agenten statt.[16] In MAS können Agenten miteinander kommunizieren und kooperieren. MAS sind von dezentraler Struktur und eignen sich daher für die Supply Chain. Hierdurch können MAS die gesamte Supply Chain steuern dabei aber die Interessen einzelner Unternehmen in dieser berücksichtigen.

Dadurch soll das Anreizproblem zur Preisgabe von Informationen beseitigt werden. Durch den Einsatz von verschiedenen unterschiedlichen Agenten die für unterschiedliche Bereiche in der Supply Chain verantwortlich sind, kann für jedes Glied in der Kette ein Optimum geschaffen werden. Bei der Durchführung einer Aktion kann ein Agent autonome für ein Unternehmen optimale Entscheidungen treffen. Auch die relevanten Unternehmens-informationen für die Supply Chain sind durch einen Agenten geschützt.

Mit dieser Thematik beschäftigen sich die Projekte „Coagens" und „Agent.Enterprise".

4.3 Flexible Supply Chain

In dieser Ausarbeitung wurde lediglich ein „starres SCM-System" vorgestellt, welches sehr aufwendig zu implementieren ist und mit hohen Kosten, sowie einem großen zeitlichen Aufwand verbunden ist. Alle Kooperationspartner in der Supply Chain müssen sich auf ein gemeinsames SCM-System einigen und dieses gemeinsam einführen. Daraus resultiert in den meisten Fällen eine langanhaltende intensive Beziehung zwischen den Partnern.

In Zukunft könnten aufgrund der raschen technologischen Entwicklung, sowie den Möglichkeiten zum Global Sourcing die Kundenanforderungen

---

[15] Vgl. [Wooldridge02], S. 15
[16] Vgl. [Huhns99], S. 81)

jedoch zunehmende Flexibilität benötigen. So wäre ein „starres" SCM System mit solchen zukünftigen Szenarien überfordert (siehe Abbildung 4-1).

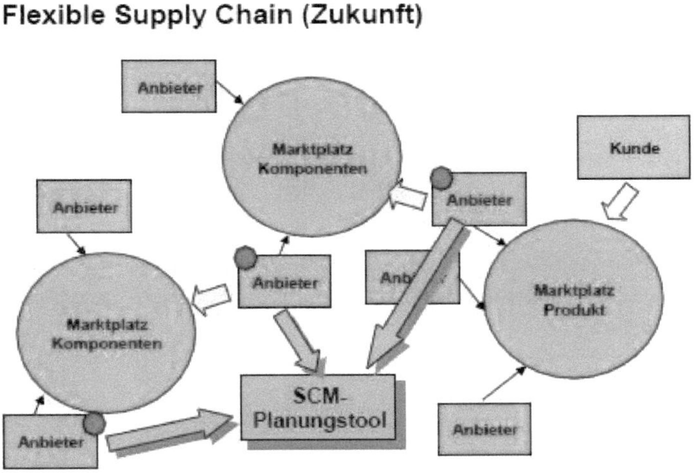

Flexible Supply Chain (Zukunft)

Abbildung 4-1 Flexible Supply Chain[17]

Im Folgenden wird ein Lösungsansatz von Prof. Dr.-Ing. Herbert Glöckle vorgestellt, welcher ein mögliches, flexibles SCM-System behandelt.[18] Dabei handelt sich lediglich um einen Ansatz und keine fertige Lösung.

Der Prozess ist wie folgt abgebildet:

Ein Kunde bezieht ein Produkt auf dem Produktmarktplatz. Der Anbieter des Produktes bezieht nun das vom Kunden gewünschte Produkt auf dem Komponentenmarktplatz. So könnte sich die Kette weiter fortsetzen. Das Ergebnis ist die Konstellation einiger kooperierender Firmen, die einmalig und temporär ist. Es besteht nun die Herausforderung, für diese einmalige und temporäre Konstellation ein SCM-System bereitzustellen. Dabei kann der Plug&Play Ansatz verfolgt werden. Dafür muss folgendes beachtet werden:[19]

---

[17] Vgl. [Glöckle13], S. 98
[18] Vgl. [Glöckle13], S. 11 ff.
[19] Vgl. [Glöckle13], S. 99

1. Die Systeme in der Kette müssen in die Lage versetzt werde, sich miteinander zu koppeln.

2. Die Prozesse, die gemeinsam behandelt werden sollen, müssen definiert und die dazugehörigen Daten festgestellt werden.

4.3.1 Kopplung

Für die Kopplung müssen sogenannte Connectoren definiert werden. Im SAP-R/3 System kann hierfür der Business Connector als Kopplungssoftware verwendet werden.

Die Kopplungssoftware kann SAP-Systeme mit weiteren SAP-Systemen aber auch beliebige andere System verknüpfen, da XML zum Datenaustausch verwendet wird.

4.3.2 Geschäftsprozesse

Die zweite Anforderung setzt sich mit der Definition von Prozessen auseinander. In temporären SCM Ketten ist nicht der gesamte Leistungsumfang den bspw. das SAP APO-System bietet von Bedeutung. Alle Prozesse des Demand Plannings können vernachlässigt werden, da ein konkreter Kundenauftrag bereits vorliegt. Der Fokus wird daher auf das SNP gelegt. Hier wird auf einem groben Detailgrad, die Bedarfe und deren Mengen und terminliche Realisierbarkeit auf Basis der zur Verfügung stehenden Planungsdaten durchgeführt. Die Grundlage dafür bietet das Produktionsprozessmodell (PPM), welches Daten aus dem Bereich der Unternehmensstruktur als auch Prozessdaten beinhaltet (vgl. Abbildung 4-2).

Basisdaten für das SNP-ProduktionsProzessModell PPM

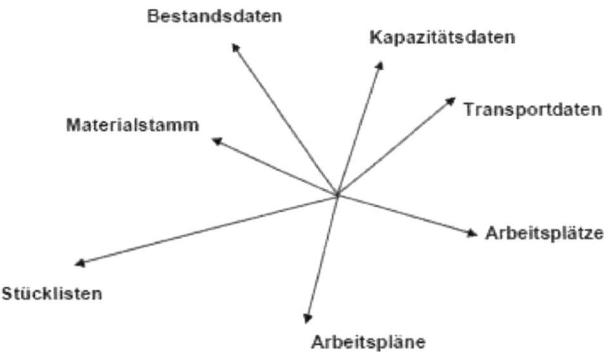

Abbildung 4-2 Basisdaten für das SNP[20]

Der Aufbau einer solchen temporären Supply Chain Konstellation sowie die Planung müssen schnell erfolgen. Dann können die Initialdaten als fixiert betrachtet werden. Nach dem Abschluss der Planung, können die Daten an die involvierten Partner bzw. deren Systeme übergeben werden und genauso als verbindlich angesehen werden. Aktualisierungen sind nur dann nötig, sofern Störungen oder andere unvermeidliche Ereignisse auftreten. Die zunehmende Anzahl an Partner in der Kette begünstigt solche Ereignisse.

4.3.3 Umfeld

Der Umfang für ein flexibles SCM beschränkt sich nicht nur auf die technische Sicht. Nachfolgend sind alle relevanten Dimensionen für ein flexibles SCM aufgeführt, die berücksichtigt werden müssen.

- **Technische Dimensionen**

---

[20] Vgl. [Glöckle13], S. 104

Diese Dimension beinhaltet die Einkopplung der Systeme auf den beiden Ebenen Kommunikation und fachinhaltliche Daten.

- **Vertragliche Dimensionen**

  Es müssen vertragliche Fragen geklärt werden, wie z.B. die Bestimmung eines Betreibers und Inhabers des Planungstools innerhalb einer temporären Auftragssituation. Auch die Zugriffsberechtigung auf die Planungsdaten und Planungsergebnisse muss definiert werden. Können alle Unternehmen in der Kette auf alle Daten zugreifen oder nur auf die für sie Relevanten.

- **Kulturelle Dimensionen**

  Das Verständnis für die Datenqualität ist Kulturraum abhängig und kann stark variieren. Dies stellt eine Inkompatibilität mit den Planungsabsichten des flexiblen SCM Ansatzes.

Quellenverzeichnis

Literatur

[Beckmann04]   Holger Beckmann
                **Supply Chain Management – Strategien und Entwicklungs-
                tendenzen in Spitzenunternehmen**
                Springer Verlag, Heidelberg 2004

[Glöckle13]   Herbert Glöckle
                **Supply Chain Management – Vorlesungsskript an der Hochschu-
                le Reutlingen im WS 2013/14**
                Reutlingen 2013

[Huhns99]   Michael N. Huhns, Larry M. Stephens
                Multiagent Systems: A Modern Approach to Distributed Artificial   In-
                telligence
                Cambridge 1999

[Werner13]   Hartmut Werner
                Supply Chain Management - Grundlagen, Strategien, Instrumente
                und Controlling
                Springer Gabler Verlag, 5. Auflage, 2013

[Wooldridge02] M. Wooldridge
                An Introduction to Distributed Artifacial Intelligence
                Chichester 2002

Onlinequellen

[SAPH13]   **SAP Help**
                http://help.sap.com/saphelp_apo/
                → helpdata/de/ac/216b89337b11d398290000e8a49608/content.htm
                → helpdata/de/92/dd013872af2946e10000009b38f8cf/frameset.htm

                Stand 2013

[SCMOnline13]   **Online Lehrbuch Supply Chain Management**
                http://www.economics.phil.uni-erlangen.de/lehre/bwl-
                archiv/lehrbuch/kap3/scm/scm.PDF
                Stand 2013